Giuseppe Barbieri, Ludovico Di Breme, Vincenzo Monti, Alberto Nota, Silvio Pellico

Lettere d'amore e d'amicizia all'attrice Carlotta Marchionni (1816-1843)

A cura di Cristina Contilli

Lulu.com

3101 Hillsborough Street

Raleigh, NC 27607

USA

Printed in 2014.

Immagini dell'800 libere dal copyright tratte da internet, foto di lettere e documenti d'epoca scattate dalla curatrice.

Prima ristampa (con l'aggiunta di nuove immagini): maggio 2014.

CARLOTTA MARCHIONNI IN UN RITRATTO DEL PITTORE
FIORENTINO GIUSEPPE BEZZUOLI

CARLOTTA MARCHIONNI "CASTA MUSA" O "JEUNE FILLE DÉVORÉE DE PASSIONS"?

Carlotta Marchionni è stata considerata dai suoi contemporanei un'attrice brava sia nelle parti comiche sia in quelle tragiche, ma la sua vera bravura è stata quella di convincere i contemporanei che le grandi passioni le viveva soltanto sulla scena, mentre nella vita era una donna modesta e di costumi irreprensibili.[1]

Di lei ci sono rimaste, infatti, due definizioni opposte e apparentemente inconciliabili: la baronessa torinese Olimpia Savio la definisce, infatti, nel suo libro di *Memorie* "casta musa",[2] mentre Stendhal la descrive nel suo *Viaggio in Italia* come una "jeune fille dévorée de passions".[3]

Anche se sono due definizioni così lontane l'una dall'altra, i documenti dell'epoca ci dimostrano che entrambi avevano ragione perché Carlotta è stata nel corso della sua vita sia una donna passionale sia un'attrice che ha cercato attraverso un comportamento irreprensibile di conquistarsi la stima di chi la circondava per superare il cliché dell'attrice vista e trattata come donna di facili costumi.

Si possono individuare, dunque, due fasi nella vita di Carlotta, una prima fase iniziata nel 1814 con il suo passaggio dalla Compagnia Pani alla Compagnia Belloni-Meraviglia e che coincide con il suo scoprirsi donna passionale, non solo sulla scena, ma anche fuori, prima attraverso l'amore giovanile per il capocomico Ferdinando Meraviglia[4] e poi attraverso il suo amore intenso e tormentato per l'abate e scrittore Ludovico Di Breme.[5]

---

[1] http://www.torrossa.it/resources/an/2467646

[2] Il libro di *Memorie* di Olimpia Rossi Savio che aveva un salotto letterario nella Torino degli anni '40 dell'800 è stato pubblicato postumo nel 1911 ed è scaricabile parzialmente da google libri.

[3] Del *Viaggio in Italia* di Stendhal sono reperibili diverse edizioni sia in francese sia in traduzione anche in formato kindle.

[4] *"Ferdinando Meraviglia Fu qui nel 1824 Ha fra il padre nobile ed il caratterista Nella prima qualità però prende qualche volta l aria flebile*

Grazie alle lettere di Silvio Pellico, che attraverso numerosi passaggi di mano sono giunte fino a noi,[6] sappiamo che nel novembre del 1815 Carlotta aveva interpretato Ida nell'omonima tragedia del Di Breme[7] e possiamo

---

delle perorazioni, nella seconda è eccellente conoscitor della scena e di tutte le azioni che convengono agli affetti diversi. Deh! perchè mai trascura un precetto che come direttore inculcherà certamente agli altri di aver sempre mandata a memoria la sua parte? Ma ne' comici è frequente il difetto del sillabar troppo quanto ne' cantanti l'opposto del non sillabare. E pel sillabar de' comici intendo quel prender ad una ad una le parole dalla bocca del suggeritore come fa il Banditore nella pubblica ringhiera di piazza dal quale per eccesso di chiarezza e diminuzione di pronuncia talor si finisce per non aver inteso niente. Altro neo ha questo chiaro Attore forse più che non l'hanno i suoi compagni fra quali alligna maggiormente che in altre compagnie sebbene pressochè tutti gli italici istrioni più o meno ne partecipino e consiste nel guardar durante i soliloquii all'udienza cosicchè par che discorra propriamente con colui che per caso si trova assiso nel posto in mezzo della platea." (Da *Annali del teatro della città di Reggio* pubblicato a Bologna nel 1828, scaricabile integralmente da google libri).

[5] http://www.enciclopediadelledonne.it/index.php?azione=pagina&id=905

[6] Una parte delle lettere del Pellico risalenti al periodo 1813-1821 è conservata nell'archivio della rivista *La Civiltà Cattolica*, mentre un'altra parte riguardante soprattutto il periodo 1819-1821 è conservata all'Archivio di Stato di Milano.

[7] *"Ho rimesso immediatamente a Silvio Pellico la tua lettera a lui diretta, la chiave, e le istruzioni che mi hai incaricato di comunicargli. Egli per altro avrà differito ad eseguire la tua commissione, atteso la gita che ha fatto a Mantova coll'abate di Breme per assistere alla prima rappresentazione d'una Tragedia in prosa del suddetto Abate, e della sua Francesca da Rimini, ch'egli ha nuovamente corretta. Ambedue queste produzioni drammatiche sono confidate all'abilità non comune della giovane attrice Carolina Marchionni. Essa si distingue per un organo di voce sonora e soave, e soprattutto per una grande mobilità di fisionomia, che si presta con somma facilità alla vera espressione d'ogni sorta d'affetti, e nelle loro più piccole degradazioni. La sua pronuncia è buona; ma accostumata essa pure alla solita cantilena, non si cura punto di vincerla, e quindi s'aggirerà mai*

intuire che la loro relazione fosse iniziata nell'estate di quell'anno, quando tutti i teatri milanesi erano stati chiusi per motivi politici e Carlotta recitava in un piccolo "teatro di periferia" il Teatro Lentasio dove, nonostante la sua giovane età (aveva all'epoca tra i diciotto e diciannove anni), era già molto ammirata dal popolo come dall'aristocrazia.[8]

---

sempre intorno alla mediocrità." (Da una lettera del barone milanese Sigismondo Trechi ad Ugo Foscolo del 24 novembre 1815, tratta da: http://www.bibliotecaitaliana.it/xtf/view?docId=bibit000457/bibit000457.x ml&chunk.id=d43e3563&toc.depth=1&toc.id=&brand=default&query=trec hi#11 è interessante sia il fatto che Trechi scriva Carolina invece di Carlotta dimostrando che non era ancora un'attrice così conosciuta).

[8] Nella sua edizione dell'epistolario di Ludovico Di Breme Piero Camporesi ha ripubblicato in appendice anche due articoli di Ludovico apparsi nel 1815 sulla rivista *Il Corriere delle dame*, in cui vengono messi in evidenza sia i punti di forza sia i difetti nella recitazione di Carlotta.

Carlotta nei panni di Francesca
in una stampa dell'800.

Tra i suoi ammiratori c'erano anche Ludovico Di Breme e Silvio Pellico. Tra il primo e Carlotta si sviluppò in quell'estate un rapporto di collaborazione letteraria e di amore che durò almeno fino all'estate dell'anno successivo, poi, il soggiorno di Di Breme a Coppet presso madame De Stael e la sua simpatia per Albertine De Stael, ma anche il forte rapporto con lord Byron (che non è facile stabilire se sia rimasto solo nei limiti dell'amicizia o se li abbia superati) mandarono in crisi e fecero naufragare la sua relazione con Carlotta.[9]

Altri ammiratori erano, nel frattempo, entrati, però, nella vita di Carlotta Marchionni, in particolare il commediografo torinese Alberto Nota di cui nel 1818 la Marchionni portò al successo "La lusinghiera".[10]

Anche Nota, come Di Breme e Pellico era un giovane scrittore di cui la Marchionni accettò di mettere in scena il testo e quindi si può dedurre che come prima attrice della compagnia Belloni-Meraviglia, in cui recitava anche sua madre Elisabetta Baldesi che era inoltre tra i soci della Compagnia, Carlotta avesse un certo potere decisionale.

Carlotta era molto legata alla madre tanto da garantire anche a lei nel 1821 un posto nella Compagnia Reale Sarda nel ruolo di "madre nobile" in cui poi verrà sostituita nel 1823 da Anna Maria Bazzi, moglie di Gaetano Bazzi, capocomico della Compagnia.

A completare la famiglia di Carlotta c'erano una sorella Giuseppina, morta nel 1816 per cui Pietro Giordani, amico di famiglia, compose un commovente epitaffio[11] e Luigi (1791-1864), autore di commedie e

---

[9] Il mio articolo del 2008 sull'amore tra Carlotta e Ludovico http://viadellebelledonne.wordpress.com/2008/05/04/un-amore-dellottocento-ludovico-di-breme-e-carlotta-marchionni/
E gli ulteriori approfondimenti:
http://cortedelgaiosapere.forumcommunity.net/?t=52561022
[10] Alberto Nota (1775-1847) scrisse una quarantina di commedie che ottennero un buon successo presso i contemporanei anche grazie all'abilità di Carlotta: http://it.wikipedia.org/wiki/Alberto_Nota
http://archive.org/details/commediedialber01salfgoog
[11] *"GIUSEPPINA carissima e amorosa angioletta vedi il dolore inconsolabile de' tuoi Angelo MARCHIONNI tuo padre la madre Lisabetta, la sorella Carlotta. Ritornasti al cielo non compiuto il decimo anno..."* (L'incipit dell'epitaffio tratto da una pubblicazione del 1834 intitolata "Iscrizioni di Pietro Giordani")

soprattutto traduttore e adattatore per le scene italiane di testi teatrali francesi che aveva una sua compagnia e che viveva a Napoli.[12]

Elisabetta Baldesi Marchionni morì all'improvviso nel 1835, mentre Carlotta era in tournée e al suo ritorno a Torino Carlotta volle costruire una tomba monumentale per la madre in cui fece apporre questa iscrizione: "*Ad Elisabetta Marchionni, sanese, dalla figlia Carlotta cui raddoppiò gli affanni l'assenza nel mancare della madre amata sopra tutte le cose umane com'era degna. Morì d'anni LXV il dì XXIV marzo MDCCCXXXV*"

La tomba che esiste ancora oggi ed ospita, oltre alle spoglie di Elisabetta Baldesi, anche quelle di Carlotta e di Gegia, venne realizzata dallo scultore Giuseppe Bogliani, un altro degli amici ed ammiratori di Carlotta, che sicuramente lo stimava molto, se in una lettera del 1837 conservata nella Biblioteca Civica Centrale di Torino ed indirizzata ad Alberto Nota scrive: "*Ti sono infinitamente grata di ciò che hai fatto a favore del mio raccomandato Bogliani; speriamo che nulla si frapponga alla tua volontà e che gli tocchi questo onorifico lavoro.*" L'onorifico lavoro era una statua del sovrano quindi una commissione pubblica che Carlotta sperava venisse affidata a Bogliani e per cui aveva chiesto anche l'interessamento di Nota che nel 1818 era stato segretario di Carlo Alberto e che dopo essere stato allontanato dalla corte ed aver avuto un incarico in "provincia" era rientrato negli anni '30 nelle grazie del sovrano.[13]

---

[12] Di lui Angelo Brofferio ci ha lasciato questo interessante ritratto: "*Artista di rara intelligenza si era fatta una condizione così speciale del teatro ed aveva saputo circondarsi di tasto prestigio che nella scena di Napoli era sopra ogni altra cosa desiderata la sua presenza. Tuttavolta godeva assai poco della propizia fortuna. Salute cagionevole carattere malinconico, contrasti di famiglia e nessuna vaghezza di allori teatrali cui diceva vacui e puerili trionfi lo tenevano lontano dalla società direi quasi dagli uomini. Eppure non vi era giovine di animo più affettuoso, di più gentil costume e di più nobili aspirazioni. La gioventù, i comuni studi, le medesime consuetudini non tardarono a stringerci insieme, nel mio soggiorno a Napoli mi fu sempre compagno, lontano da Napoli mi fu sempre, oggi ancora, sincerissimo amico.*"
[13] http://lettereautografe.selfip.info/letters/8428

Silvio Pellico in un ritratto del 1820.

In fondo è a lei che sia Nota sia Pellico rimasero grati per tutta la vita perché grazie a lei i loro testi erano usciti da un cassetto, erano andati in scena e, infine, erano stati apprezzati dal pubblico e quindi rappresentati nei maggiori teatri italiani del centro-nord, da Bologna a Venezia, da Firenze a Milano.[14]

---

[14] *"Venerdì, 18 agosto Amico mio e della mia Francesca Spero che tutta la famiglia Borsieri vorrà onorare della sua presenza la recita di questa sera. Se non tremo gran fatto lo deggio più che alla mia coscienza al suffragio*

Nel frattempo, il matrimonio di Albertine De Stael con il duca De Broglie e la morte del fratello maggiore Filippo Di Breme avevano riavvicinato Carlotta e Ludovico, ma lo stesso Ludovico dopo la morte del fratello si sentì in dovere di tornare a Torino per occuparsi dell'educazione dei nipoti. Secondo lo scrittore Ermes Visconti era stata una sua scelta dettata da ragioni d'affetto e di dovere,[15] mentre, secondo il conte milanese Federico Confalonieri, Ludovico aveva subito forti pressioni dal padre che lo aveva di fatto richiamato a Torino,[16] forse anche per timore che il suo impegno nella rivista di idee liberali *Il Conciliatore* lo esponesse a dei rischi.[17]

---

che voi e tu specialmente mio Piero già m accordaste. Scusa se io stesso non ti porto la chiave del palco. La Carlotta Marchionni mi ha jeri sera pregato d'essere stamane alle prove. Questa attrice m affida moltissimo; a mio parere è un angelo, Lancillotto mi par bravo davvero. Il padre tolta la voce un po fioca che pur non disdice a vecchio ha l'azione nobile e l'espressione patetica, Paolo non è abbastanza bell'uomo, ma è pieno di buona volontà, è inoltre Ariminese e l'amor patrio l'impegna. Mi lusingo che nessuno di loro meriterà di fischiate Ed io? Vedremo." (La lettera venne pubblicata nel 1856 nella prima edizione dell'*Epistolario* di Silvio Pellico, priva di data, ma dal contenuto è chiaramente databile al 1815, l'anno della prima rappresentazione della *Francesca da Rimini*)

[15] *"Io credo che i continui sacrifici ch'egli fa del suo tempo"* scrive Ermes Visconti in una lettera del 25 novembre, indirizzata ad Alessandro Manzoni *"nell'assistere il padre, e nel consolare i nipoti; la risoluzione volontaria di seguire la famiglia a Torino, non ostante che suo padre gli avesse proposto un assegno s'ei voleva vivere a Milano od anche a Parigi; insomma gli atti di dèvoument abbiano contribuito non poco a calmargli la fantasia e il cuore. In somma, il nostro amico si mostra ogni dì più degno della stima intima di tutti quelli che lo conoscono e sanno apprezzarlo. Questa volta non sono frasi, né dediche, sono fatti."* (L. Di Breme, *Lettere. A cura di Piero Camporesi*, Torino, Einaudi, 1966, p. 598).

[16] *"Il m'a dit que notre ami Breme serait obligé d'aller vivre à Turin à cause de son père; il est impossible qu'il y tienne."* La citazione è tratta dall'edizione del *Carteggio del conte Confalonieri* pubblicata a cura di *Giuseppe Gallavresi*, scaricabile integralmente dal sito: http://www.archive.org)

11

Fatto sta che nel febbraio del 1820 Ludovico torna a vivere a Torino insieme al padre, ai nipoti e al fratello minore Filiberto, ma dalle lettere di quei mesi si comprende che ritiene Torino una città retrograda e provinciale e che il declinare della sua salute non gli permette di occuparsi come vorrebbe dell'educazione del nipote Ferdinando.[18]

Intanto a Milano è tornato Piero Maroncelli, musicista di origine forlivese che lavora per gli editori Bettoni e Ricordi e che, dopo la morte del padre nell'autunno del 1819, si era trasferito una prima volta a Milano per trovare lavoro, visto che a Forlì il suo diploma al conservatorio di Napoli non gli era stato di grande aiuto nel trovare un'occupazione, anche a causa della condanna subita due anni prima per il suo Inno a S. Giacomo che dietro alle immagini religiose celava allusioni sicuramente politiche e probabilmente anche massoniche.[19]

---

[17]http://www.treccani.it/enciclopedia/ludovico-pietro-arborio-gattinara-dei-conti-di-sartirana-dei-marchesi-di-breme_(Dizionario-Biografico)/
[18] *"Adorato Silvio, Sono ammalato. Appena io aveva intrapreso qualche studiuccio con Ferdinando, mi è stato forza risospenderlo. La tua lettera è giunta a tempo, e mi ha infuso vita e speranza. Oh! le mie speranze sono limitate assai, spero di rivederti... e basta."* (Ludovico a Silvio, lettera del marzo 1820, pubblicata in *Archivio Storico italiano* del 1876, ripubblicata in L. Di Breme, *Lettere. A cura di Piero Camporesi*, cit.)
[19] http://nonsolobelcanto.com/tag/piero-maroncelli/

Il musicista e scrittore Piero (Pietro) Maroncelli.[20]

A Milano Maroncelli conosce Pellico e si innamora di Carlotta che nello stesso periodo è corteggiata anche da Giulio Caponago, nobile milanese, ex collaboratore della rivista *Il Conciliatore* e appassionato di teatro.

---

[20] Immagine tratta da: http://www.fondazione3m.it/immagine/15763/cat=8

Carlotta sembra cedere per un breve periodo alle attenzioni di entrambi i corteggiatori tanto che di Caponago Pellico scriverà: *"Ho sempre creduto Giulio un po' leggiero, ma vedo che quando si ama Carlotta, non si può più essere incostante."*[21]

"Foto di gruppo": Federico e Teresa Confalonieri, Ludovico Di Breme (alto, vestito di scuro), Luigi Porro (vestito di chiaro con la tuba in mano), Silvio Pellico (che tiene per mano i due bambini, di cui era precettore) e Gaetano Borsieri alla scuola lancasteriana di Milano

---

[21] Il Giulio di questa lettera è senza dubbio Giulio Caponago come riteneva Angeline Lograsso autrice della più completa e documentata biografia di Piero Maroncelli e non Giulio Porro di cui Pellico era precettore come ritiene Aldo Mola. Nel 1820 Giulio Porro aveva appena undici anni, troppo pochi davvero per innamorarsi anche in modo soltanto platonico di Carlotta.

D'altra parte Pellico è amico anche di Maroncelli e quindi cerca di dividersi tra i due innamorati perché scrive nello stesso periodo a Carlotta: *"Maroncelli che v'ha veduta nascere martedì scorso e che già come gli antichi profeti vi adorava prima che foste al mondo ha tutto il merito se oggi mi do in particolar guisa alla divozione ed egli mi ha suggerito il santo pensiero di venire oggi come un Re Mago ad adorarvi anch'io."*

Nonostante Carlotta si lasci corteggiare dunque da entrambi, ma senza ricambiare davvero (sembra) nessuno dei due, Piero è comunque convinto che riuscirà a sposarla tanto che, una volta arrestato, dirà che Carlotta e sua cugina Gegia erano le fidanzate rispettivamente sua e del Pellico e che loro due già si chiamavano cugini in vista del matrimonio con le cugine Marchionni e aggiunge anche che in una lettera al giudice Salvotti che un certo giorno "è santo e festevole perché é consacrato alla natività di Carlotta"[22] fino a cadere nella più profonda disperazione dopo la caduta dell'anello che gli aveva regalato Carlotta dalla finestra della sua cella nel canale sottostante.

Nonostante la sua fervida immaginazione e il suo temperamento ottimista, Maroncelli sa, però, che Carlotta ha amato qualcun altro in passato e lo comprende ancora di più quando in sua presenza Carlotta riceve una lettera di Pellico da Torino in cui si descrivono le condizioni gravi di salute di Ludovico Di Breme[23] e scoppia a piangere di fronte a lui, facendogli capire che è ancora molto legata a Ludovico.[24]

---

[22] http://www.storiain.net/arret/num192/artic1.asp
Una ricostruzione puntuale del comportamento di Maroncelli durante il processo è presente nelle pubblicazioni di Alessandro Luzio che convinse i discendenti del giudice Antonio Salvotti a donare nel 1911 all'Archivio di Stato di Milano anche il materiale sequestrato all'epoca e che ritenuto ininfluente a livello politico non era stato incluso negli atti del processo, ma era rimasto tra le carte personali dello stesso Salvotti.
[23] In una lettera del 7 giugno 1820, inviata da Torino, Pellico confida confidato a Teresa Marchionni, cugina di Carlotta, di essere preoccupato per la gravità delle condizioni di Ludovico: *"L'affanno in cui mi teneva la*

Con l'arresto nell'ottobre del 1820 di Piero Maroncelli e di Silvio Pellico comincia uno dei periodi più complessi e meno documentati nella vita di Carlotta, in particolare il periodo novembre 1820-febbraio 1821 registra una serie di avvenimenti importanti, ma difficili da collegare l'uno all'altro: Carlotta entra, infatti, in trattative con la Compagnia Reale Sarda per il ruolo di prima attrice, recita al teatro D'Angennes di Torino nel febbraio del 1821 in coincidenza con le manifestazioni studentesche di protesta che anticipano la rivoluzione vera e propria del marzo 1821 e, infine, sempre nel febbraio del 1821 viene arrestato l'attore Angelo Canova che l'anno prima aveva accettato di portare a Bologna delle lettere affidategli da Piero Maroncelli e che era poi entrato non si sa quanto consapevolmente nella Carboneria.

Nel febbraio del 1822 verranno emesse le sentenze definitive del cosiddetto processo Pellico-Maroncelli e Angelo Canova verrà condannato a cinque anni da scontare nella prigione di Lubiana. Uscito dal carcere Canova riuscirà a riprendere tuttavia il suo lavoro di attore e a fondare negli anni '30 una propria compagnia.

---

situazione di Lodovico, è molto scemato da che l'ho veduto. – V'è sempre pericolo, ma non imminente: gli sbocchi di sangue si sono fermati grazie alla immensa quantità che il Chirurgo gliene ha cavato. – Egli è pieno di coraggio, e sorprende per la forza d'ingegno che conserva in tanto abbattimento di vigore fisico. – Parla con tenerezza di tutti i suoi amici, e m'ha pregato di mandare un suo saluto alla signora Carlotta. – Ella ammabile Gegina, glielo porga. – Tremo di abbandonarmi troppo alla speranza riguardo al mio amico. Il medico mi dice che un nuovo sbocco di sangue può riuscire fatale."
[24] In una lettera del 12 luglio 1820, Silvio Pellico scrive al fratello Luigi che Carlotta: *"é un'anima infinitamente poetica ed esaltabile dall'ambizione e dal sentimento del bello. – Ciò che ora me le fa rendere poi tutta la mia amicizia sì è l'afflizione in cui ella vive per Lodovico, del quale – non so tel dissi altre volte – ella fu innamoratissima quattr'anni sono. Ella aveva ben capito tutto ciò che valeano l'ingegno e il cuore di Lodovico e serba per lui una specie di culto, come le sole anime grandi possono sentire per le anime grandi."*

Nel frattempo Piero Maroncelli e Silvio Pellico erano stati condannati rispettivamente a venti e quindici anni di carcere da scontare nella prigione dello Spielberg e nel marzo del 1822 erano partiti per la Moravia dove si trovava la prigione a cui erano destinati.

Il trasferimento
di Silvio Pellico e Piero Maroncelli
dalle carceri di Venezia allo Spielberg.

Nel tragitto come racconta Pellico ne *Le mie prigioni* in una locanda di Udine vennero salutati di nascosto da Dario Cappelli uno degli attori della compagnia di cui faceva parte anche Carlotta e per un tratto di strada

17

vennero seguiti da una carrozza in cui c'erano proprio Carlotta e Gegia che volevano dargli un ultimo saluto.[25]

Dagli atti del processo risulta anche che Carlotta e Gegia vennero interrogate e poi rilasciate e che durante la permanenza di Pellico e Maroncelli nelle carceri veneziane passarono sotto le loro finestre recitandogli dei versi e probabilmente Gegia cantò anche una canzone che Pellico aveva tradotto pochi mesi prima dal francese per lei. Risulta inoltre che contattarono il medico del carcere per avere notizie dei due prigionieri e che Carlotta chiese inoltre il permesso (non sono riuscita a scoprire se accordato oppure no) per visitare Maroncelli.

E Ludovico? Ludovico nel frattempo era morto stroncato dalla tubercolosi, ma quando? La data ufficiale della sua morte è il 15 agosto del 1820, ma una serie di documenti e testimonianze porterebbero a spostarla al 15 agosto dell'anno successivo e questo renderebbe più plausibile il fatto che Carlotta avesse deciso di trasferirsi a Torino e che quindi ancora prima dello scioglimento della Compagnia Belloni-Meraviglia fosse già nel novembre del 1820 in trattative con la Compagnia Reale Sarda, ma spiegherebbe anche il fatto che pur di stare a Torino accanto a Ludovico avesse accettato un posto di seconda attrice, nonostante il breve periodo passato a lavorare accanto ad Anna Bazzi che ricopriva il ruolo di prima attrice non fosse stato privo di rivalità e divergenze.[26]

Con la condanna di Pellico e Maroncelli e la morte di Ludovico, ma anche con il passaggio nel 1823 a prima attrice della Compagnia Reale Sarda comincia la seconda parte della vita di Carlotta in cui si riteneva fino a poco tempo fa che la Marchionni si fosse dedicata soltanto alla propria carriera senza avere nessuna relazione d'amore.

Dopo la morte di Ludovico un altro abate entra nella vita di Carlotta: l'abate Giuseppe Barbieri di cui ho rintracciato una sola lettera indirizzata alla

---

[25] Una ricostruzione precisa di questo episodio corredata da un biglietto di Carlotta si trova nell'edizione de *Le mie prigioni* curata da Domenico Chiattone.

[26] http://www.gaetanomiglioranzi.it/gaetano/pdf/volti.pdf

Marchionni. Non si tratta di uno scrittore conosciuto come Ludovico Di Breme quindi su di lui ho trovato poche notizie, che si riducono sostanzialmente, oltre alla lettera citata in cui sprona Carlotta a comporre un'opera sul teatro contemporaneo in forma di epistola che non verrà mai stampata, forse perché Carlotta non riuscì a terminarla oppure perché non ne era soddisfatta e che dovrebbe essere andata persa perché non risulta né tra le carte della Marchionni, conservate nella Biblioteca Civica Centrale di Torino né tra quelle conservate alla Nazionale di Firenze, in alcune pubblicazioni che spaziano dalla poesia ai libri di tipo religioso, come raccolte di *Sermoni* e di *Orazioni per il periodo quaresimale.*

Non si tratta, però, neppure di un personaggio sconosciuto perché la sua città d'origine Bassano del Grappa gli dedicò nel 1869 un monumento e in occasione dell'inaugurazione venne stampato un opuscolo che ripercorreva vita e opere del Barbieri.[27] Grazie a questo opuscolo ho scoperto che Barbieri era nato appunto a Bassano nel 1774 (aveva dunque ventidue anni più Carlotta il che fa pensare che tra loro, data la differenza d'età, ci fosse solo un rapporto di amicizia), allievo di Cesarotti, ne aveva ereditato la cattedra all'università, ma dopo il 1820 si era ritirato dall'insegnamento e si era dedicato a studi linguistici e composizioni poetiche. Il Barbieri ebbe una vita lunga fatta di attestati di stima, ma anche di divergenze con altri scrittori, una vita che si chiuse nel 1852 e quindi quando venne realizzata la sua statua era in fondo morto da appena 17 anni. Su di lui e su Carlotta non ho trovato nessun riferimento malizioso, è vero che il tempo potrebbe averli cancellati, ma è altrettanto vero che come sono giunte fino a noi le testimonianze dei contemporanei sulla relazione amorosa tra Carlotta e Ludovico se tra la Marchionni e l'abate Barbieri ci fosse stato lo stesso tipo di rapporto qualcosa probabilmente sarebbe filtrato in lettere e riviste dell'epoca.

Lo spoglio dell'archivio dell'egittologo Ippolito Rosellini[28] ha dimostrato invece che intorno al 1823-1824 Carlotta ebbe una tormentata relazione

---

[27] Il testo è scaricabile integralmente da google libri in pdf e presenta una breve sintetica biografica del Barbieri, anche se il tono è elogiativo trattandosi di un opuscolo scritto per spiegare il motivo per cui era stato dedicato aBarbieri un monumento nella sua città.

proprio con Rosellini che si chiuse per l'opposizione della famiglia di lui, ma anche perché Rosellini si trasferì a Parigi per approfondire le sue ricerche e nella capitale francese sposò Zenobia Cherubini, figlia del musicista Luigi. Anche in questo caso la sua famiglia era perplessa, ma l'intervento di Rossini fece in modo che si giungesse al matrimonio. Purtroppo Rosellini, nato nel 1800 e quindi di quattro anni più giovane di Carlotta, contrasse la malaria durante una delle sue spedizioni archeologiche e morì ancora giovane nel 1843.

I coniugi Rosellini vivevano tra Parigi e Pisa, dove la loro casa era frequentata sia da studiosi stranieri come Richard Lepsius sia da scrittori come Giovanni Rosini e Antonio Guadagnoli.[29]

Le testimonianze dell'epoca e l'album della stessa Zenobia, conservato presso l'università di Pisa, ci raccontano di una condivisione di progetti e interessi culturali tra lei e il marito, si può dunque ritenere che Carlotta fosse stata per Rosellini un amore giovanile e che con la partenza per Parigi del 1825 fosse uscita definitivamente dalla sua vita.

Del loro rapporto purtroppo è riemersa finora solo una lettera del 1824 in cui Carlotta scrive a Ippolito con tono affettuoso, ma anche ironico: *"Godo nel sentirti felicissimo e pieno di incombenze piacevoli; la gioventù ti affligge un poco? Ma questo è un male di cui tutti i giorni guarisci: sii cauto però, acciocchè l'avvenire non ti rammenti il passato.... A quest'ora avrai ricevuto dei miei saluti per bocca del Dottor Bini pisano. P.S.: Non capisco quello che vuoi dire quando parli del Cicognara! io non ò seco lui che la conoscenza di pochi minuti che volle meco spendere nel passaggio che fece in questa città; desiderando, diss'egli, di conoscermi come un'attrice che egli stima. Spiegami di grazia quel paragrafetto."*

Probabilmente Carlotta e Ippolito si erano conosciuti nel salotto di Carlotta Lenzoni di cui nella biografia di Niccolini, un altro autore di testi teatrali, amico di Carlotta, viene data questa descrizione: *"Il Niccolini fu frequente*

---

[28] http://www.anticoegitto.net/rosellini_ippolito.htm
http://altrimondi.gazzetta.it/2010/05/05/una_vita_tra_amori_profumi_coc/
[29] A. Pesante-A.Sanna, *Fuori dall'ombra: ritratto di Zenobia Cherubini Rosellini* in *Le dimore di Pisa*, Firenze, Alinea Editrice, 2010.

col Giordani, col Leopardi, col Nota, col Prof Ippolito Rosellini, col Pananti, col Tenerani, col Benvenuti, col Samuele Iesi, col Pieri, colla Massimina Rosellini e con altri alle veglie di casa Lenzoni, fatte gioconde da musiche da recite da letture di commedie e da amabili donne tra cui era sempre la mesta giovinetta del Tenerani della quale il Giordani disse parole piene di gentile affetto e di grazia ineffabile per cui fu conosciuta e amata anche da chi non la vide. Ivi sentì ripetere e cantare maestrevolmente i versi del suo Foscarinii. (...) Serata straordinaria in casa Lenzoni. La celebre Carlotta Marchionni vi ha letto alcune scene dell'Antonio Foscarini facendo la parte di Teresa, mentre la Massimina Rosellini rappresentava la Matilde La canzonetta notturna del Foscarini ci ha fatto una grata sorpresa, essendo stata cantata all'improvviso e molto bene in una stanza contigua dalla Carolina Testa. Pieri Memorie inedite, 23 settembre 1828." [30]

---

[30] Ho riportato per intero la citazione presente in una biografia ottocentesca del Niccolini perché mi sembra interessante per individuare le frequentazioni di Carlotta dopo che aveva lasciato Milano: http://books.google.it/books?id=4F89AAAAYAAJ&pg=PA148&dq=%22R osellini+Ippolito+Marchionni&hl=it#v=onepage&q=%22Rosellini%20Ippo lito%20Marchionni&f=false

Il teatro regio di Torino
(da wikimedia commons)

Agli anni '30 e '40 dell'800 appartengono inoltre una serie di lettere della Marchionni indirizzate all'architetto bresciano Rodolfo Vantini. Sembra strano che una donna ammirata e corteggiata come Carlotta si intestardisse dietro ad un uomo indeciso tra amicizia e amore eppure una lettera del 1840 della poetessa Adele Curti amica della Marchionni sembra testimoniare che Carlotta fosse davvero molto innamorata di Vantini[31] tanto da rifiutare nel

1827 la proposta di matrimonio del commediografo Angelo Brofferio che nel libro di memorie *Ai miei tempi* smentì di aver mai passato con Carlotta i limiti dell'amicizia, ma restano dei dubbi perché Brofferio come democratico, repubblicano, vicino agli ambienti mazziniani e in lotta perenne con la censura piemontese era controllato dalla polizia e in un rapporto di polizia si legge appunto che Brofferio sperava di aver fatto dimenticare a Carlotta un certo Borghi che l'aveva fatta soffrire.[32]

In seguito Brofferio che, oltre ad essere un commediografo e un giornalista, era anche laureato in giurisprudenza, e aveva già preparato un contratto prematrimoniale da far firmare a Carlotta, si arrese al suo rifiuto e si sposò con Felicia Perret. Poi, dopo numerosi viaggi dovuti a ragioni politiche e letterarie nelle principali città italiane e un soggiorno a Parigi, finì in carcere e, quando nel 1831 riprese a frequentare il salotto torinese di Carlotta,

---

[31] *"La Curti scrive infatti: Milano, 6 luglio 40 "Egr. Amico Da pochi dì sono reduce da Torino dove passai un tempo delizioso, invidiabile presso la nostra incomparabile Carlotta ed alcuni diletti amici degni di lei." (...) Mentre in Carlotta rimase immutato attraverso gli anni l'amore per Rodolfo, sì da rifiutare numerose e vantaggiose proposte di matrimonio, in Vantini non rimase per Carlotta, di lì a pochi anni che una grande e sconfinata ammirazione. Quando ella verso il 1840, paga di ogni tipo di trionfale successo, fu disposta a quietare la sua laboriosa esistenza, era troppo tardi."* La ricostruzione più dettagliata di questa misconosciuta storia d'amore si trova in un libro del 1963 scritto da Lionello Costanza Fattori, intitolato *Rodolfo Vantini architetto (1792-1857)*. Sembra dunque che Carlotta fosse convinta che Vantini avrebbe atteso il suo addio alle scene, mentre, nel frattempo, Vantini si era raffreddato nei confronti di Carlotta, pensando forse che lei avesse dato la precedenza al proprio lavoro e alla propria famiglia e lo avesse messo in secondo piano (con Carlotta vivevano la madre Elisabetta Baldesi morta nel 1835, la cugina Teresa, detta Gegia e infine una nipote che si chiamava Cecilia e la principale entrata economica dell'intero gruppo era lo stipendio di Carlotta che come prima attrice della Compagnia Reale Sarda arrivò a prendere fino a 11.000 lire che erano molte, considerando che Pellico in casa Barolo ne percepiva solo 1000 nello stesso periodo).

[32] L. Lajolo, *Brofferio l'oppositore*, 1967 (scaricato da google libri)

23

doveva avere ormai superato la delusione perché rimase sempre in buoni rapporti con lei.[33]

E così il cerchio tra antichi e nuovi amori sembra chiudersi perché Angelo Brofferio racconta in *Ai miei tempi* di aver conosciuto Silvio Pellico in casa di Carlotta Marchionni nel 1831 poco tempo dopo che entrambi erano usciti dal carcere (con la differenza che Silvio vi aveva passato dieci anni e Brofferio solo pochi mesi) e scrive che il poeta della *Francesca da Rimini*, da lui ammirata per i suoi accenti patriottici, era un uomo "piccino, piccino" (Pellico effettivamente era basso), di modi cortesi, ma molto prudente nell'esprimersi sulla situazione politica piemontese.

Per Brofferio l'incontro con Pellico che aveva idealizzato come combattente per la libertà e che invece si rivelò un uomo mite e ragionevole, dalle idee più moderate di quello che Brofferio aveva immaginato, fu una delusione di cui Brofferio si vendicò non solo con quel "piccino, piccino" che suona ironico e anche lievemente offensivo, ma con il racconto di un bacio dato alla Gegia che Pellico dopo lo Spielberg aveva rinunciato a sposare, ma di cui era ancora innamorato tanto da andare a trovarla tutte le estati quando soggiornava a Pecetto Torinese insieme alla cugina.[34]

---

[33] Una dettagliata biografia di Brofferio in:
http://www.isral.it/web/web/pubblicazioni/qsc_50_04_lajolo.pdf
[34] Le visite di Silvio Pellico a Villa Pallavicini a Pecetto Torinese soggiorno estivo delle cugine Marchionni vennero raccontate per la prima volta in una pubblicazione degli anni '30 da Barbara Allason che in quel periodo stava lavorando sulla biografia del Pellico e poi sono state riprese in tempi più recenti brevemente da Claudio Magris nel suo libro Microcosmi. Anche su wikipedia nella voce dedicata a Pecetto si dice che in una villa di questo piccolo centro torinese ha soggiornato Gegia Marchionni "amante di Silvio Pellico"

*Carlotta Marchionni in un ritratto del 1840 conservato
al Museo del Risorgimento di Roma.*

CARLOTTA MARCHIONNI NELLE TESTIMONIANZE DEI CONTEMPORANEI:

"La Carlotta Marchionni corrispose perfettamente alle mie speranze: io la stimo attrice capace d'ogni eccellenza."
(Silvio Pellico, 1815)

"Due attrici si sono levate in pregio nel sostenere la parte di Mirra; Anna Pellandi che con tanta gloria calzava e Carlotta Marchionni: amendue mi hanno costretto alle lagrime, elevando ad un tempo la mia mente."
(David Bertolotti, dalla rivista "Lo spettatore, 1818)

"Gli uomini di questa compagnia non sono certamente i migliori attori che abbia il mondo, ché taluni anzi sono veri cani, ma la Carlotta è un genio che sforza all'ammirazione."
(Silvio Pellico, 1820, la compagnia era la Belloni-Meraviglia di cui Carlotta era prima attrice)

"Vorrei sapere se è costi o ritornata a Torino l'amabilissima Carlottina Marchionni alla quale io pur troppo son debitore di più d'una lettera e bisognoso molto della sua indulgenza. Vorrei scriverle sicuro e saper dov'ella è adesso. Se è costi, voi colle preghiere e coll'esempio la muoverete a perdonarmi.
(Lettera di Pietro Giordani a Giancarlo Del Negro, 1824)

"Della signora Carlotta Marchionni e de' suoi molti pregi e di qualche lieve suo difetto ragiona a lungo il signor Righetti, e noi conveniamo nel suo giudizio. Attrice impareggiabile ella fa tutto ciò che vuole, purchè fortemente il voglia."
(Dalla "Biblioteca italiana" del 1827)

"Fra le attrici di grido la Pellandi, la Goldoni, la Tessari, la Pelzet, la Romagnoli, e particolarmente una Carlotta Marchionni, onore delle nostre scene, e per la quale furono concepite e scritte parecchie delle mie più avventurate commedie."
(Alberto Nota, 1836)

"Ora che la Ristori è avviata a più alti destini e che essa deve percorrere l'Europa a rappresentare l'arte drammatica italiana, ella pensi che se riuscì grande in Mirra e Stuarda ebbe a modello la gran maestra Carlotta Marchionni."
(Da "La fama. Giornale di scienze, lettere e arti", 1856)

"Fu sotto l' impulso e la direzione della mia eccellente maestra Carlotta Marchionni, esimia attrice, la quale con Gaetano Bazzi, gareggiava d'affetto per me, che cominciò realmente la mia educazione."
(Dalle Memorie di Adelaide Ristori)

"Le commedie di Alberto Nota pareano belle, interpretate dalla Carlotta Marchionni."
(Cesare Cantù, 1873)

Carlotta Marchionni da una rivista teatrale di fine '800.

L'ADDIO ALLE SCENE DI CARLOTTA MARCHIONNI NEL RESOCONTO DI UNA RIVISTA TORINESE DELL'EPOCA:

"Eleggeva la Marchionni per ultima sua rappresentazione la Fiera del Nota quasi volesse indicare che colle parole sul labbro dell'autore che il Piemonte ha più diletto prenderebbe commiato dai Piemontesi ed allorchè proferiva le ultime parole della commedia sì vide scendere un genio simboleggiante il genio dell'Italia da cui fu posata sul capo una coi una d'argento con bacche d'oro fra le reiterate acclamazioni de' circostanti che non paghi di salutarla colla mano e colla voce sventolarono bianchi fazzoletti dai palchi e dalla platea. Toglievasi l'attrice immantinente la corona, ma gridavano gli spettatori e insistevano perchè dovesse fregiarsene la fronte al che non acconsentendo la modestia di lei comparve con improvviso slancio l'egregio Bogliani il quale fra nn torrente di applausi compiè il pubblico voto e si vide l'arte della scultura coronare l'arie della scena. Giunta a casa ebbe ancora la Marchionni sulle domestiche soglie un commovente saluto. Fu eseguita una serenata sotto le sue finestre in riva al Po e alternato col suono de flauti e delle arpe il nome di Carlotta Marchionni fu mille volte ripetuto dalle onde del fiume dalle aure del colle come un eco dell'addio de Torinesi."

*Carlotta Marchionni in un ritratto del 1818
conservato nel museo del teatro alla Scala di Milano.*

SILVIO PELLICO A CARLOTTA MARCHIONNI

Milano, 3 febbraio 1816[35]

Pregiatissima Amica — anzi cara, carissima sorella in Cristo — giacché Lodovico ed io siamo fratelli; Sono le sei della mattina, e voi, bella Carlottina, siete lì sotto le lenzuola, addormentata e forse in sogni piacevolissimi, che vi trasportano al fianco di Lodovico – e non vedete me poveretto che, in ginocchioni sulla sponda del vostro letticino, piango amaramente i miei peccati, e vi scongiuro di darmi l'assoluzione. L'abbandono in cui vidi per qualche tempo il vostro amante, mi fece formare un giudizio temerario, e proferire una bestemmia contro il vostro angelico cuore.

E non solamente proferii quella bestemmia, ma ebbi l'audacia d'invilupparla in una lettera, e di farvene un regalo. E poiché sono ai vostri piedi, al severo Tribunale della Penitenza, bisogna ch'io confessi per intero tutta la gravezza del mio delitto. Sì, vi credetti rea di spergiuro, cattiva, di animo, disumana — schernitrice della più sacrosanta delle passioni, che è l'amore — insomma vi credetti il più bello, il più adorabile, il più magico dei mostri. Ma torniamo alla mia confessione. Ho ancora un peccato sulla coscienza, ed è che invece di subito pentirmi d'avervi scritto delle insolenze, ne ho anzi avuto un gran piacere, quando ho veduto che in grazia di quelle voi ripigliavate la corrispondenza col povero Lodovico, e gli rendevate la pace e la salute. Ah! le mie preghiere, quantunque foste addormentata, si sono insinuate al vostro bell'occhio sinistro, e sono discese pian pianino giù nel cuore.

Mille baci ardenti sulla vostra mano, vi attestino la mia riconoscenza, la mia amicizia, la mia adorazione – Chiudo la bocca, per non dire di più, e scappo in fretta dal vostro letto per saltar qui a Milano nel mio, dove termino di scrivervi, ma non già di pensare a voi.[36]

---

[35] Pubblicata in S. Pellico, *Lettere milanesi (1815-1821). A cura di Mario Scotti"*, Torino, Loescher-Chiantore, 1963.
[36] *"Amico intimo di Silvio Pellico era Ludovico Breme, uniforme a lui di genio, soave di costumi, gentile di maniere."* (Piero Maroncelli, Addizioni a Le mie prigioni, 1833)

Un'edizione ottocentesca delle Commedie di Alberto Nota corredata da un ritratto dell'autore.

ALBERTO NOTA A CARLOTTA MARCHIONNI

[Torino], Dal gabinetto di SA il 17 gennaio 1818[37]

---

[37] *Alla illustre signora Carlotta Marchionni*
Pubblicata in P. A. Paravia, *Memorie Piemontesi di letteratura e di storia*, Torino, Dalla Stamperia Reale, 1853. Ripubblicata in A. Brofferio, *Ai miei tempi (volume nono)*, Torino, Tipografia Nazionale di G. Bianciardi, 1859, pp. 92-93, con la data 14 gennaio.

Egregia signora Carlotta

SAS il graziosissimo Principe di Carignano mio signore m'impone il prezioso incarico di significarle che tant'egli quanto l'augusta Principessa sua sposa sono rimasti soddisfatti appieno e contenti dell'impegno, zelo ed abilità con cui gli attori tutti di cotesta Compagnia nessuno eccettuato, si sono adoperati per la buona riuscita della nuova mia commedia *La Lusinghiera*. Mentre adempio questo dovere, io aggiungerò come fortunatissimo in questa occorrenza le mie sincere e vivissime azioni di grazia a tutti i sudditi attori, ed in particolare a lei, egregia signora Carlotta, la quale sempre uguale a se stessa mostrò anche in questa occasione quanto ella sia maestra e maestra perfetta nella difficilissima arte di dipingere con nobiltà e vivezza i caratteri che le sono affidati e come possa un autore riposare tranquillo sulla rara pieghevolezza del di lei ingegno. Non le dico di più per non offendere la sua modestia che non è l'ultimo de tanti di lei pregi, e mi glorio di attestarle col maggior sentimento la mia stima e la mia riconoscenza.

Suo dev. mo servo ed ammiratore
Alberto Nota
Segretario de comandi di SA

ALBERTO NOTA A CARLOTTA MARCHIONNI

[s.d, ma primavera 1818][38]

Gentilissima signora Carlottina

Fra quante lettere mi giunsero da cotesta città per informarmi del buon esito della *Lusinghiera* mi fu carissima la sua perchè mi prova che realmente io sono nell'animo di lei qual desidero di ritrovarmi Io ringrazio VS come pure gli altri attori tutti che con tanto impegno recitarono la mia produzione per la quale io tremava davvero infatti quante mie circostanze non mi rendevano in ciò scusabile SAS il Principe di Carignano a cui ho comunicato il suo foglio è stato contentissimo di saper tali nuove e disse ah la Carlottina si sarà certamente mostrata a dovere. I miei complimenti alla

---

[38] Pubblicata in Brofferio, *Ai miei tempi*, cit.

sua signora madre, cognata e famiglia. Veggendo il signor Pellico,[39] la prego di presentargli i miei complimenti. Quanto si possa pensare o scrivere da altri sul suo conto non iscena per nulla la giusta opinione che hanno di lui persone distinte per buona filosofia e per lettere. Io sono con la maggiore riconoscenza.

Servitore ed amico suo sincero Alberto Nota

ALBERTO NOTA A CARLOTTA MARCHIONNI

[s.d. ,ma databile al 1818][40]

Pregiatissima Carlotta,
Tu hai dato un gran valore alla parte di Laura con la tua maestà del porgere; tutti gli animi hanno dovuto commuoversi. Vennero parecchie signore e signori da Pinerolo in diverse carrozze e. se ne tornarono benedicendo te e il Petrarca e in generale gli attori tutti. Il monologo del 3° atto fu cosa divina. Gli spettatori vollero e non osarono far plauso pel timore d'interrompere quel sacro silenzio che così bene esprimeva quanto loro facevi sentire nell'anima, io ti debbo dunque, amabile ed amata Carlotta, i ringraziamenti e dell'autore e dell'amico; accetta e gli uni e gli altri e credimi qual ti sono affez.mo tuo amico ed ammiratore

---

[39] Non ho trovato lettere dirette di Pellico a Nota o viceversa, ma è probabile che Nota fosse informato come autore di testi teatrali del grande successo ottenuto dalla Francesca da Rimini del Pellico e che volesse attraverso Carlotta dichiarare la sua stima per quello che allora era un autore giovane ed emergente. La Francesca rappresentata per la prima volta nel 1815, venne pubblicata, infatti, soltanto nel 1818 e venne recensita in modo piuttosto severo sulla Biblioteca italiana anche per ragioni di polemiche letterarie e politiche, la Biblioteca italiana era, infatti, il giornale dei "classicisti" ed era finanziato dal governo austriaco.
[40] La datazione l'ho fatta sulla base del ritratto di Carlotta conservato nella Biblioteca del teatro alla Scala che rappresenta Carlotta in abiti medievali con un ramoscello di alloro in mano che interpreta la parte di Laura.

Un giovane Ludovico Di Breme
in un ritratto realizzato
probabilmente intorno al 1816-1817.

LUDOVICO DI BREME A CARLOTTA MARCHIONNI

[s.d., ma databile tra il novembre del 1819
e il febbraio del 1820][41]

Mia dolcissima amica, i doveri che mi derivano dall'essere l'unico sostegno della mia famiglia, mi persuadono della necessità di tornare a vivere a Torino, e tuttavia mi allontano da te a fatica e provando una profonda nostalgia, ancor prima del nostro distacco. Amami sempre, come mi amasti in passato.

Tuo Ludovico

---

[41] Pubblicata in S. Pellico, *Lettere d'amore*, Torino, Carta e Penna, 2007 (nella seconda edizione è inclusa in appendice questa lettera conservata nell'archivio comunale di Coppet).

Silvio Pellico in un ritratto conservato
al museo del Risorgimento di Torino.

SILVIO PELLICO A CARLOTTA MARCHIONNI

21 giugno 1820[42]

Cugina Carlotta
Quando otto giorni fa voi nasceste io ebbi la disgrazia di non poter festeggiare la vostra venuta al mondo, ma i devoti festeggiano anche le ottave dei santi ed io celebrando il vostro ottavo giorno intendo d acquistare l'indulgenza plenaria. Vi ringrazio bambina mia e per mio conto e a nome di tutta Italia d'esservi data otto giorni fa la pena di nascere: questa è la più bella azione che poteste mai operare. Senza di voi io non avrei mai gustato in Italia il delizioso piacere di esultare di piangere in teatro e la nostra patria andrebbe priva d'uno de suoi più bei vanti.
Maroncelli che v'ha veduta nascere martedì scorso e che già come gli antichi profeti vi adorava prima che foste al mondo ha tutto il merito se oggi mi do in particolar guisa alla divozione ed egli mi ha suggerito il santo pensiero di venire oggi come un Re Mago ad adorarvi anch'io. Gradite non oro perché non ne ho, non mirra perché non sono speziale, non incenso perché non sono un adulatore, ma quattro semplici fiori perché dopo le donne gentili ciò che amo di più sulla terra sono i fiori. Tale è il meschino ma cordiale tributo che il Re Mago Silvio porge alla celeste creatura nata martedì scorso. Mi conceda essa dalla sua culla un sorriso di grazia e di benedizione e mi annoveri per tutta l'eternità nel drappello degli eletti intendo degli amici più scelti. Vi auguro bambina mia una vita che si assomigli ai fiori ch'io vi mando in ciò che hanno di gaio, ma non nelle spine, quando sarete grandicella amate, senza amore l'esistenza è un deserto. Anche questo consiglio m è suggerito indovinate da chi da quel profeta Simeone che v'adorava già parecchi mesi prima che foste al mondo. Addio. Perdonate amabile Carlotta il mio scherzo. Mi sono imposto di scrivervi in istile pazzamente festivo eppure sappiate che ho vegliato una cattivissima notte sono stato assai male. Ieri io mi proponeva di passare una sera beata colle mie care cugine il mio infausto genio non ha voluto.

---

[42] Autografo nell'Archivio di Stato di Milano. Pubblicata in Pellico, *Epistolario*, cit., pp. 20-22. Ripubblicata in Pellico, *Lettere milanesi (1815-1821)*, cit.

Vi bacio con tutta amicizia la manina Un buon dì alla mamma ed alla Gegia.[43]

PS Bramoso di offrirvi qualche libro mi sembra opportunissima per un attrice l'opera sui Costumi dei Popoli. Anche questo è suggerimento del profeta. Non isdegnate vi prego il mio dono.[44]

SILVIO PELLICO A CARLOTTA MARCHIONNI

---

[43] Un biglietto di Pellico a Maroncelli in cui gli confida le pene d'amore, Pellico che era più grande e realista dell'amico si rendeva conto, infatti, di quanti ostacoli si mettevano tra lui e Gegia, dalle perplessità del conte Porro ai rimproveri dei suoi genitori, contrari al matrimonio con un'attrice: *"Non so dirti s'io l'ami o se l'abborra, ma ella domina tutto il mio pensiero. — Io non deliro che Gegia, e l'idea di non poterle vivere vicino mi toglie ogni pace. — Tutto ciò che fate onde Gegia brilli e trionfi mi empie di gratitudine. — Se il mio pensiero potesse fermarsi al bene di un momento! ma ho meno filosofia di te; e non vedo che la lontananza, inquietudini, impossibilità d'essere felice. L'animo mio è fatto per essere più felice degli angeli, e tormentato come i demonj. Almeno Gegia capisse quanto è amata! No, non lo capirà mai. Oh quanto mi giovarono le tue parole! Io era da due giorni posseduto dal più terribile demonio della melanconia: io rifuggiva da ogni speranza. Or mi rianimerò. Addio, carissimo. Amami. Ho d'uopo di cuori che amino."*
[44] Rapporto della polizia austriaca dell'estate del 1820: *"Sulla persona del sig. Silvio Pellico devo osservare essere il medesimo d' indole e carattere assai dolce ed insinuante. La di lui condotta morale non offrì mai al pubblico motivo di particolare attenzione, né le di lui relazioni colla attrice Marchionni e colla cantante Zamboni trascendevano, a quanto consta, i confini dell'onestà."*
Purtroppo non sono riuscita a identificare chi è la Zamboni citata in queste righe. La Marchionni potrebbe essere Carlotta, ma anche sua cugina Teresa. Gli austriaci di solito avevano una buona rete di informatori e quindi è ragionevole pensare che la polizia austriaca fosse al corrente dell'amore di Pellico per Gegia Marchionni.

Ama il tuo fratello **Silvio** ed ama (non solo pei meriti di essa, ma anche per amor mio) l'adorata mia Gegia. Il suo affettuosissimo cuore è pieno di **tenerezza** per te. Sii per Gegia ciò che io sarò per Giulio.[46]
Addio. Sono colla più viva amicizia il tuo Silvio.

---

[45] Pubblicata in G.Sforza, *Silvio Pellico a Venezia (1820-1822)*, scaricato parzialmente da google libri.
[46] Questa lettera sembra ricollegarsi a quello che Pellico scrive a Gegia nell'ultima lettera che riuscì ad inviarle prima dell'arresto in cui le esprime il rammarico di non aver potuto portare con sé Giulio nel suo viaggio a Como perché essendo l'amico innamorato di Carlotta si sarebbero potuti confidare a vicenda le proprie pene d'amore.

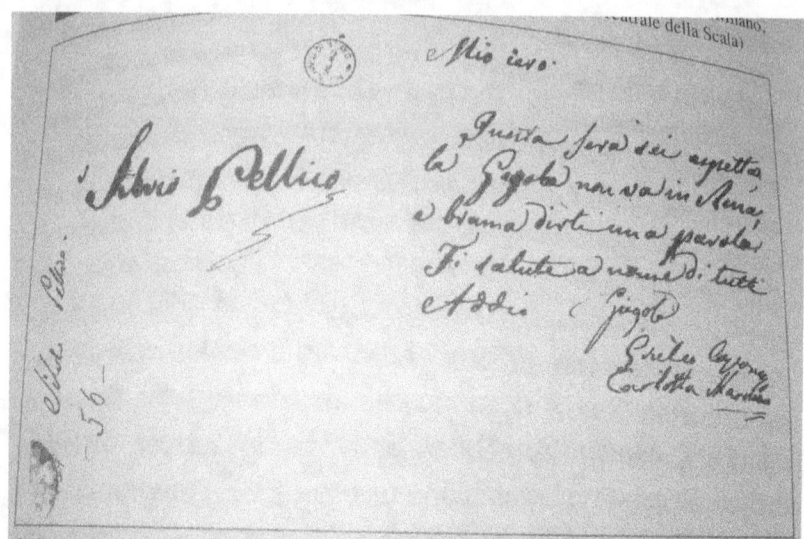

Biglietto inviato a Silvio Pellico dagli amici della casa Marchionni, con firma autografa di Carlotta, la celebre interprete dei drammi del Pellico: "Questa sera sei aspettato, la Gegola non va in Rena, e brama dirti una parola." Il biglietto fu sequestrato insieme ad altre carte del Pellico, come dimostra la sua controfirma. Possiamo credere che la "Gegola" sia Teresa Bartolozzi, cugina di Carlotta. Il Pellico, che l'amava follemente, la chiamava "Gegina". (Acquisti e Doni, 35 bis, fasc. IX, n. 56 - Milano, Archivio di Stato).

ALBERTO NOTA A CARLOTTA MARCHIONNI

Di casa, Torino, 28 giugno 1825[47]

Carlotta carissima
Vi do l'addio della dipartenza ma voi siete certa ch io non posso dimenticarvi. Ho conosciuto finalmente e ho riverito quella degna quella cara persona del sig. conte Sordevolo ed ho trovato tutto vero quello che m' avete detto di lui e quello ch'io ne aveva già presentito nobilissimo d'animo

---

[47] Pubblicata in Brofferio, *Ai miei tempi*, cit.

di sincere profferte ed affettuosissimo. Colui che alla gentilezza de natali accoppia tali rarissime doti è il più amabile cavaliere del mondo.

Vogliatemi bene, Carlotta mia, presentate i miei doveri alla signora madre vostra ed abbiatemi sempre qual vi sono indelebilmente

Servitore, ammiratore ed amico

Alberto Nota

ALBERTO NOTA A CARLOTTA MARCHIONNI

San Remo, 3 gennaio 1826[48]

Carlottina pregiatissima

Ho voluto fare l'intendente di giorno e il letterato di notte e fui sovrappreso da incommodi nervosi per cui mi si è vietata per qualche tempo ogni occupazione eccetto quelle indispensabili del mio ufficio. Quindi non vi dolete se prima d'ora non v ho scritto nulla. Vi dirò presentemente che avendo io rassegnato un mio componimento alla nobile direzione de teatri ne ricevetti compita, gentile e benignissima lettera da signori marchese D'Angennes e conte Bianco di Barbania stimabili persone e piene di nobile e patrio zelo per l'onore del nostro Piemonte.

Datemi vostre nuove e della sig. madre vostra, ditemi quali mie commedie avete recitato in altre città, insomma parlatemi un poco di voi giacché io romito, isolato, non frequentando persona su questa spiaggia, non potrei d'altro parlarvi che de' miei pensieri. Ma questi non sono sempre lieti, soltanto li va talora allegrando l'idea che voi amabile Carlotta con quel vostro cuore cortesissimo accarezzate le cose mie, dando loro un valore che non hanno e così avete l'incanto di farle gustare altrui.

Ritengo a vostra disposizione tre altri volumetti dell'edizione dell'Orlandelli, ma qui son rare le occasioni per Torino Starò sull'avvertito alla prima che mi si presenti Vogliatemi bene presentate i miei doveri alla signora Elisabetta e credetemi

Amico e serv. vostro aff. mo Alberto Nota

---

[48] Pubblicata in Brofferio, *Ai miei tempi*, cit.

41

P.S. A chi vi chiedesse di me, ricordatemi coi sentimenti della mia riconoscenza.

ALBERTO NOTA A CARLOTTA MARCHIONI

S. Remo, 11 ottobre 1828[49]

Mia diletta Carlotta

[49] Pubblicata in O. Allocco-Castellino, *Alberto Nota. Ricerche intorno alla vita e alle commedie*, Torino, Lattes, 1912 (scaricato integralmente da: http://www.archive.org), pp. 350-351.

42

Alle due lettere tue, entrambe carissime, la prima ricevuta da Torino, ove la dirigesti per isbaglio, rispondo sollecito: godermi l'animo di averti procurata la conoscenza di amabili e gentili persone con cui passerai gradevolissime ore. Ti ringrazio del favorevole giudizio tuo intorno all'Oppressore e Oppresso, commedia da me scritta quando pochi studii, niuna conoscenza dei tempi, ma solo quella disposizione che mi dà natura guidavano la mia penna; e con ragione io dubitavo e dubito che, tanti anni dopo e malgrado dell'usata assidua diligenza in correggere questo scritto, possa esso meritare l'indulgenza del pubblico, il quale diventa sempre più severo giudice verso un autore provetto, che non voglia essere verso chi moveva i primi frutti nell'ardua, spinosa carriera del Teatro.

Sto dunque in ansietà finché non ne sappia l'esito. Non dubito punto che la tua somma maestria farà un gran bene a certi punti scenici commoventi, come, p. es., quando la moglie di Arrigo, con risoluzione d'affetto coniugale, presenta il figliolino al marito siccome compenso negato al crudele fratello; così quando gli tien dietro con Milord; così quando, volendolo seguire disperata, le vengono meno le forze e sviene e cade nel far passi: situazioni di poche parole, ma che la mia Carlotta le sente nell'anima, e quindi le dipinge e le esprime e le fa sentire in altrui.

Presenta i miei rispetti alla amabile Marchesa Torrigiani, alla vedova Lenzoni;[50] saluta il nostro Giordani se il vedi; e credimi sempre tuo aff.mo amico e servitore

Alberto

I miei complimenti alla signora tua madre, cugina[51] e famiglia. Ti assicuro che non ho da due anni più scritto nulla. Correggo una commediola che non val nulla, di cui avrai sentito parlare perché la lessi in Firenze, ma è cosa meschina e me ne vergogno.

VINCENZO MONTI A CARLOTTA MARCHIONNI

---

[50] Carlotta Medici Lenzoni che aveva a Firenze un salotto letterario frequentato soprattutto dai collaboratori della rivista l'Antologia.
[51] Sicuramente Gegia che recitava come generica, ma era anche un'apprezzata cantante in farsette e vaudeville.

Confermando i sentimenti di mia moglie, null'altro posso aggiungere se non
che la mia salute è sempre la stessa, cioè più morto che vivo.[53]

GIUSEPPE BARBIERI A CARLOTTA MARCHIONNI

[s.d, ma databile agli anni '20 dell'800][54]

---

[52] Pubblicata in *Lettere inedite e sparse di Vincenzo Monti*, 1896, scaricato
integralmente da google libri.

[53] La parte iniziale della lettera era stata scritta da Teresa, moglie di
Vincenzo Monti, che appose in fondo solo questo breve saluto per Carlotta.
Carlotta e sua cugina Gegia erano amiche di Costanza Perticari la figlia di
Monti. Scrive a questo proposito Rodolfo Renier nel libretto *Svaghi critici*,
dedicato al ricordo di Gegia Marchionni: *"Vidi e trascrissi una pietosa
lettera del 23 aprile 1828 diretta da Teresa Pichler Monti alla Carlotta, in
fondo alla quale Vincenzo Monti tracciò queste poche linee affettuose, con
la mano tremante per l'infermità."*
A conferma di questo ho trovato una lettera, indirizzata a Costanza Perticari
in cui Carlotta scrive: *"La mia Gegia ti saluta e ti bacia, ed io,
abbracciandoti con tutta l'anima, ti ripeto che sono e sarò sempre la tua
affezionatissima amica Carlotta Marchionni Torino, 11 febbraio 1840."*
Risulta interessante anche che Monti scriva a Paride Zajotti, giudice
austriaco, famoso per aver cercato di confutare i libri di memorialistica
carceraria degli ex detenuti dello Spielberg: *"Vai tu mai a sentire la mia
buona Carlottina Marchionni? Ah, se la sorte era più propizia a un così bel
talento! Gran disgrazia tra noi: si hanno gli elementi per cose in ogni
genere Insigni; e sempre le circostanze li guastano o li soffocano."* (Io ho
pensato che Monti alludesse allo scioglimento della compagnia Belloni-
Maraviglia di cui Carlotta era stata prima attrice e al fatto che la stessa
Carlotta avesse di conseguenza lasciato Milano e fosse entrata nella
Compagnia Reale sarda, prima come seconda attrice, con Anna Bazzi, come
prima, poi come prima attrice e secondo le cronache dell'epoca vero
"capocomico" della compagnia visto che il primo attore Luigi Vestri
sottostava ai suoi ordini.

Se le mie parole ti hanno lasciato qualche impressione, ciò prova due cose. Che io ti ho parlato con verità di animo affettuoso: e che tu hai cuore eccellente a ricevere i sensi e gradire gli avvisi dell'amicizia. Io non poteva ingannarmi che tu eri degna della mia stima. E di vero, tu adoperi a questo luogo una espressione, che merita cento lodi, e che sola varrebbe a fare l'encomio della tua lettera: è dove mi accenni che hai posto il decoro in guardia della tua anima, custode geloso che non si lascerà sfuggire le mie parole.

Espression divina, ch'io ti invidio e che mostra la nobiltà e la forza del tuo carattere; Se all'epistola che avrai a scrivermi sul teatro spargerai a quando a quando di queste gemme, ti so dire che faremo gran breccia. Né meno bella è la confessione che, più sotto, mi fai del maggior partito che avresti potuto cogliere da altri esercizi letterari. Oh. Che tu sia benedetta con questa rara ingenuità! Io leggeva nel tuo volto ogni cosa; i tuoi silenzi mi dicevano assai, ed io m'era serbato di scriverti anche su questo due parolucce, a testimonio della parte che prendo alla tua istruzione. Ora che posso mai dirti? La tua confessione è un pegno, il quale mi assicura del molto che sei

---

[54] Pubblicata in C. Cantù, *Il Conciliatore e i carbonari*, Milano, Treves, 1878. (scaricato integralmente da http://www.archive.org) Cantù la pubblica senza indicazioni di data, ma facendo una ricerca su google libri ho scoperto che l'abate Barbieri aveva dedicato a Carlotta non solo uno dei suoi Sermoni, raccolti in volume nel 1828, ma anche una poesia che inizia con i versi: *"Dimmi Carlotta ond'è questa che dentro / Dalle profonde viscere m'alberga? / E trista e pia di lagrimar vaghezza / E perchè mai sì ratto alle pupille / Vienmi dal core il pianto? / Illustre Donna die sull'Itale scene altra non vidi / Altra o seconda lagrimar sì dolce / Aprimi del tuo piagnere la fonte / Dimmi o cara ond'è mai questa soave / Amarezza di stille / Onde si spreme / Questo nettareo calice che tutta / D affannoso piacer l'anima inonda / Qual vedi a primavera un nugoletto / Su per lo colle alzarsi e levemente / Colorato da raggi occidentali / Gettar nel fondo alla riposta valle D'ombra sparso e di luce un color mesto / Che di soavità dipigne il loco / Tal sull'anima mia viene a posarsi / Mistica nube di tristezza e allor / Ne refrigera il cor quando più stilla / Le rugiadose lagrime dagli occhi / A quell'onda gentil non altrimenti / Che in prato i Fior mi surgono pensieri..."*

disposta a fare per crescere in cognizioni e meritarti una fama stabile e duratura. E chi n'ha diritto al pari di te ? Io reputo inutile di ripetere quanto a voce ho promesso. vicina o lontana che tu mi sia di persona, tu m'avrai sempre dallato col desiderio vivissimo del tuo bene ; ed io farò sempre il più ed il meglio che mi sia dato, per giovarti così nelle lettere, come in altro, che a grado ti venga. Tu sai conoscermi, io spero, dai piccoli saggi del passato; e vedrai a tutte prove ch'io son degno della tua fede e della tua confidenza. Su dunque, mia cara Carlotta; non istancarti dello studio, nò ti sbigottire di qualche difficoltà, che t'avvenisse d'incontrare: metti dinanzi al tuo animo l'idolo sublime della gloria, e ricordati sempre, che m'avrai compagno alla magnanima impresa.

Carlotta Merchionni, celebre artista drammatica: rappresentò, la sera del 18 agosto 1815, la "Francesca da Rimini" di Silvio Pellico, al Teatro Re di Milano.

Un ritratto giovanile di Silvio Pellico, autore della "Francesca da Rimini", più tardi condannato allo Spielberg. (Dai Mémoires d'outre-tombe dello Chateaubriand, ed. Garnier Fréres, Paris).

Due ritratti ottocenteschi del Pellico e della Marchionni
(foto di Cristina Contilli)

SILVIO PELLICO A CARLOTTA MARCHIONNI

[Torino, 19 giugno 1831][55]

Carlotta – tu sei un angiolo! Tu possedi l'arte tua con un'eccellenza sublime! – E mentre gli altri spettatori non vedevano in te se non questa eccellenza e l'incanto della tua persona, io vedeva anche in te il caro, generoso impegno della tua amicizia. Te ne rendo grazie.

Sono assai grato pure a' tuoi compagni. Le parti di Lamciotto e di Paolo presentano molte difficoltà e furono superate con maestria.

Dì ai signori Righetti, Ferni e Leonesi che son loro grato.

Tu sei un'angiolo, sorella mia! Ier sera, se non fosse stato conveniente ch'io mi ritirassi, sarei venuto ad imprimere un caldo bacio su quella mano che lasciasti baciare da Paolo.

Riverisci l'ottima signora Bettina. Salutami Gegia, Calamari, la sua figliuola ed il nostro buon Dario.[56]

Il tuo fratello Silvio

Domenica, 19 giugno

---

[55] Questa lettera è stata pubblicata da Barbara Allason nel suo libro "La vita di Silvio Pellico" con una datazione al 1833, ma attraverso il calendario universale ho potuto verificare che la domenica è caduta il 19 giugno nel 1831, un anno compatibile con quanto racconta Brofferio che dice di aver conosciuto proprio nel 1831 Pellico in casa delle cugine Marchionni.

[56] Sono tutti attori della Compagnia Belloni-Meraviglia, a testimonianza che anche dopo lo scioglimento nel 1821 della Compagnia, Carlotta era rimasta in buoni rapporti con gli ex colleghi.

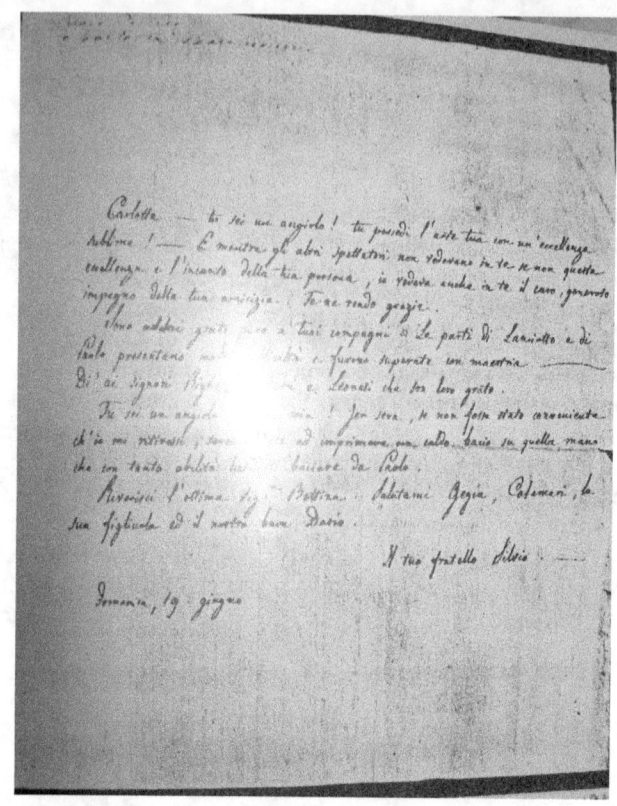

La Lettera del 19 giugno di Silvio a Carlotta
(foto di Cristina Contilli)

SILVIO PELLICO A CARLOTTA MARCHIONNI

[Torino 22 settembre 1832][57]

Sorella Carlotta

---

[57] Pubblicata in Brofferio, *Ai miei tempi*, cit., pp. 297-298.

La tua cara lettera mi ha fatto il più gran piacere ma ho scritto al Professore Morrocchesi[58] che ti sgridi perché gli avevi lasciato credere ch io fossi uomo da esigere una meravigliosa accuratezza nello stile epistolare mentre al contrario niuna lettera m aggrada se non quando è vergata senza pretensione e proprio alla buona Mi rallegro che l esito della Compagnia sia stato ottimo ma non poteva essere altrimenti ove v è un angiolo come Carlotta. Chi mai ti vide sulla scena e non fu rapito della tua naturalezza della tua scienza negli affetti del tuo squisito gusto nelle attitudini nel vestire in tutto. Mi ricorda con qual trasporto madama de Stael la quale aveva veduto le migliori attrici francesi inglesi e tedesche e non era di facile contentatura sclamava di te: "Elle a le génie de son art au dernier point."[59] Serse da quel dispotico bestion ch egli era fece una volta frustare il mare perché non gli obbediva In verità che lo farei frustare anch io dacché il balordo minacciò di tranguiare il vostro equipaggio Sono paure da fare Poveri quei vostri eccellenti cuoricini come avranno palpitato Ma fra i venti ed i flutti villani grazie al Cielo ve ne fu pure alcuno cortese che volle portarvi la vostra roba Così è nella società umana molte anime canagliesche ed alcune gentili e piene d amore La signora Quirina Magiotti m ha scritto amabilissime e giustissime cose di te sorella mia Mi dice anch essa aver poca speranza che la mia Ester passi Pazienza Riveriscila tanto per me quell'egregia Quirina. E riverisci la tua e mia signora mamma e la tua veneratissima segretaria e la vostra mirabile Pittrice e tutta la casa tua insomma e poi tutta la Compagnia. Rammentami allo stimatissimo Morrocchesi. E quel buon Montani[60] che mi voleva tanto bene me ne vuol

---

[58] Antonio Morrochesi, attore e scrittore di testi teatrali che aveva recitato con Elisabetta Baldesi, madre di Carlotta e aveva contribuito alla formazione teatrale della stessa Carlotta: http://www.treccani.it/enciclopedia/antonio-morrocchesi_(Dizionario-Biografico)/
[59] *"Tutti gli spettatori ne furon commossi alle lagrime. La sig. Carlotta Marchionni, per cui dicesi essere stata scritta questa commedia, si mostrò degna della meritata sua celebrità; gli altri attori tutti della Real Compagnia gareggiarono d'impegno."* (Dalla rivista *L'Antologia*, volume 44 del 1827)
[60] Lo scrittore e critico letterario Giuseppe Montani che dopo essere stato arrestato e rilasciato all'epoca dei processi contro i cospiratori milanese si

egli ancora? Si certo. So quanto ei siasi rallegrato della mia risurrezione. Ho letto la menzione ch ei fece di me nell'*Antologia* e riconobbi il suo cuore Se lo vedi salutalo cordialmente a nome mio. T'abbraccio e sono di tutti voi e particolarmente di te e della nostra Gegia (Gegola)[61] devotissimo servitore e fratello affezionatissimo

Silvio

Torino, 22 settembre '32

ALBERTO NOTA A CARLOTTA MARCHIONNI

Pinerolo, 9 agosto 1832[62]

Mia Carlotta,
Ritieni un associato per una sola copia alla bella opera del signor Morrochesi;[63] riuscendomi d'averne altri, te lo scriverò. Ti accludo paoli undici; ti serviranno per l'avuto fascìcolo e in conto degli altri avvenire, che tu mi recherai questo carnovale
Ti accludo lettere per la Principessa Corsini, la Duchessa di Casigliano, e per l'amico dott. Zuccagni, revisore, che ti compiacerai recapitare. Presenta i miei doveri alle gentili tue signore madre e cugina, e ricordami sempre come amico ed ammiratore tuo carissimo Nota
Mando per te un esemplare della mia relazione sul terremoto di S. Remo; una copia per la Marchesa Torrigiani, l'altra pel dott. Zuccagni, una terza per l'estensore della Gazzetta di Firenze.

---

era trasferito in Toscana ed era diventato collaboratore "stipendiato" della rivista L'Antologia.
[61] Nel libro di Angelo Brofferio è scritto Gegola, mentre nell'edizione dell'epistolario del Pellico è scritto Gegia.
[62] Pubblicata in Allocco-Castellino, *Alberto Nota. Ricerche*, cit., p. 356.
[63] Nell'edizione è scritta erroneamente Marrocchesi, su questo personaggio vedere la nota in appendice alla lettera di Pelico a Carlotta del 1832.

ALBERTO NOTA A CARLOTTA MARCHIONNI

Pinerolo, 12 maggio 1833[64]

Carissima Carlotta

Ti debbo infiniti ringraziamenti e come autore e come comico. Quella parte dell'Irrequieta me l'hai recitata maestrevolmente e non mi sarei mai immaginato con quella tua dolcezza di carattere che tu avessi pure in serbo per le opportunità un tantino di fiele femminino da produrre quel grande effetto nelle difficili combinazioni di questa commedia in cui non v è nulla che dialogo e morale. Ti prego pure di porgere in mio nome agli altri attori tuoi compagni un attestato della mia riconoscenza ed infine di credermi co' miei rispetti alla signora tua madre, al signor Calamari e alla cugina tua.

Tutto tuo aff. mo Nota

SILVIO PELLICO A CARLOTTA MARCHIONNI

[Torino, 28 ottobre 1833][65]

Sorella Carlotta,

Mille grazie della cara notizia che m'hai fatta comunicare dal gentilissimo Armandi circa la *Gismonda* recitatasi a Venezia. - Ne godo assai, e mi par di vederti sulle scene recitare divinamente quella parte, da commuovere tutti i cuori e far sonare strepitosissimi applausi.

Mi por di vedere te egregiamente secondata dalla Signora Borghi e dagli altri valenti attori. Mi par sovra tutto di vedere in un cantuccio della tua bell'anima un gran piacere per l'onore che ne ridonda al tuo fratello Silvio; - a questo fratello che chiami ingrato, a cui dici di non voler più bene perché sta secoli e secoli senza lasciarsi vedere, ed il quale per altro tu hai la bontà d'amare sempre.

---

[64] Pubblicata in Brofferio, *Ai miei tempi*, cit., pp. 113-114.
[65] *All'egregia attrice / la signora Carlotta Marchionni / Venezia*
Autografo nel Museo Civico di Torino. Inedita.

No, Carlotta, e no, Gegia, e no signora Bettina riverìtissima, io non sono ingrato. La mia amicizia per l'ottima casa Marchionni non diminuì, non può diminuire e non diminuirà mai. Bensì è vero che mille inevitabili doveri m'occupano molto, e mi tolgono di poter frequentemente vedere una famiglia a me tanta cara. - Sono ritornato in questi giorni da lungo villeggiare per varii luoghi, e riparto ancora per altre campagne.

Addio, Carlotta buona e generosa. Addio, Gegia sempre amabile. V'abbraccio, ma prima d'abbracciarvi, m'inchino innanzi alla signora Mammina e le bacio rispettosamente la bella mano.

Ti prego di porgere i miei saluti a tutta la compagnia, cominciando dai capi.

Sono il tuo aff. mo Silvio Pellico

Torino, 28 ottobre '33

ALBERTO NOTA A CARLOTTA MARCHIONNI

Casale, 20 Novembre 1836[66]

Ti ringrazio caldo caldo delle nuove che mi dai
di le, della compagnia e sopralutto della ottima vostra salute; che. davvero, in Genova quel maledetto regalo Russo-Tedesco fa nuove stragi orribili.[67]
Tu taci del titolo delle commedie; dunque non ne avete recitato finora delle mie. Se tu non puoi scrivermi tutte queste particolarità, ti prego di richiedere in mio nome il Bazzi o il Sig. Gottardi[68] affinché vogliano compiacersi d' informarmi dell' incontro vero (delle nuove mie commedie costà in Verona. La Clarina Mosconi,[69] siccome ti dissi a Casale, non ha mai più

---

[66] Pubblicata in Allocco-Castellino, *Alberto Nota. Ricerche*, cit., pp. 373-374.

[67] Credo che il Nota si riferisca al colera che tra il 1835 e il 1837 colpì diverse città italiane.

[68] Gaetano Bazzi era il capocomico della Compagnia Reale Sarda, Gottardi ne era uno degli attori.

[69] Clarina Mosconi era una contessa veronese che appare anche nella corrispondenza di ippolito Pindemonte e di Vincenzo Monti. A Clarina

risposto alle mie antiche lettere; ed ha un bell'essere donna, nel fatto di puntigli non la cedo al tuo sesso e più non le scrivo di certissimo; ma ti permetto di salutarla per me. La marchesa Gagliani è a Murisengo; mi aspetta, ma io non posso muovermi dal remo; il meglio è che non posso avere neanche un breve congedo per ora. Mi compenserò, darò a tutti tue nuove, e massime a Madama Massara che non cessa di nominarti.

È inutile il dirti quanto rincresca ancora a tutti, che così breve sia stato il soggiorno in Casale. Saluta la Gegia, la cara signora Rosina, il sig. Vestri,[70] infine tutti della Compagnia. Quanto più mi scriverai, tanto maggiore sarà il contento del tuo affezionato amico e ammiratore

Alberto Nota

ALBERTO NOTA A CARLOTTA MARCHIONNI

Casale, 18 luglio 1837[71]

Grazie grazie molte alla mia Principessa Leonora. la quale per la dignità del portamento, per l'acuto significante sguardo, per l'espressione dei pensieri e delle cose, per la maestria nel disegnare i punti scenici, si mostrò nel dramma quale è sempre: somma, ammirabilmente somma.

Scrivo al signor Bazzi affinchè si compiaccia di ringraziare in mio nome tutti gli attori.

Mi dirai qual è la città destinata alla vostra compagnia dopo Torino. Riverisco la signora tua cugina e gli amici comuni e credimi tuo affezionatissimo,

Alberto Nota

ALBERTO NOTA A CARLOTTA MARCHIONNI

Casale, 30 marzo 1839[72]

Nota aveva dedicato la commedia "L'ospite francese" scritta nel 1808 e rappresentata per la prima volta nel 1810.

[70] L'attore Luigi Vestri, Rosina potrebbe essere l'attrice Rosa Gaetana.

[71] Pubblicata in Allocco-Castellino, *Alberto Nota. Ricerche*, cit.

Carlotta carissima

Dal nostro sig. avv. Cordera ho ricevuto il prezioso dono che mi fai presentandomi di quelle poche pagine che parlano di tua madre alle quali tu fai precedere poche righe commoventissime che intitoli a tuoi amici e perciò anche a me.

Io ti ringrazio che tu ti sii ricordata di me cui sempre accuora il pensiero che tu voglia abbandonare quella carriera nella quale potresti ancora per molti anni aggiungere palme alle già acquistate.[73]

Tu divieni svogliata di tutto e non hai ragione. Conviene camminar nella vita col destino che ci prescrisse ma non conviene a mezzo il corso arretrare

Saluta la tua cugina riverentemente per me quanto avrei desiderato che invece di Magenta ti fossi trattenuta a Casale

Addio.

Il tuo aff. mo Nota

SILVIO PELLICO A CARLOTTA MARCHIONNI

[Torino, 26 settembre 1843][74]

Gentilissima ed ottima Carlotta

Mentre tu mi scrivevi la più amabile delle lettere io stava assai penosamente travagliato da oppressione di petto infermità che di spesso mi si rinnova e che non dimentica di farmi più strette carezze in autunno. Questo misero stato de' miei logori polmoni fu causa del ritardo che dovetti porre a scriverti due parole di ringraziamento. Ora sono più sollevato. Quanto sei buona sempre. Quanto mi hai fatto piacere dandomi tue notizie della tua andata a Saluzzo e di tutti i perché. È stata cosa degna di te il procurare con una generosa tua recita un vantaggio a gente dabbene e non felice. Tu sei

---

[72] Pubblicata in Brofferio, *Ai miei tempi*, cit.,

[73] *"Poche attrici potranno per avventura agguagliare, non che superare la signora Carlotta Marchionni, a cui fu le prime volte affidata la parte di D. Giulia, parte che richiede assai maestria."* (Dall'edizione del 1836 delle Commedie di Alberto Nota con introduzione curata dallo stesso autore)

[74] Pubblicata in Brofferio, *Ai miei tempi*, cit., pp. 304-307.

costantemente la stessa ognor pronta a giovare ed in tai casi corri alla fatica senza carità per te medesima sapendo che la tua delicata salute ne patisce. Voglia il Cielo che questa volta i tuoi nervi non abbiano troppo sofferto. Vagheggio questa speranza ed intanto godo che tale occasione abbia procacciato a Saluzzo la gioia d'ammirare di nuovo il sublime tuo tragico genio. Tu mi fai troppo insuperbire con avere scelto per rappresentazione la *Gismonda*. Mi stanno ancora presenti quelle sere quando or saranno dieci anni ti vidi por sulla scena questa tragedia da te così profondamente sentita Oh che anima! oh come il carattere della povera *Gismonda* fu da te compreso e ritratto con verità! Ma in molte altre tragedie di migliori autori tu hai bellissime parti da brillar maggiormente e nondimeno la tua elezione è caduta sopra la tragedia mia il sentimento dell'amicizia e della gentilezza ha in te prevalso ad ogni considerazione. Ben hai dunque ragione anche in questa circostanza di chiamarmi fratello giacché la tua bontà è veramente di sorella. Di ciò vo' lieto e te ne professo molta gratitudine. In te ammiro non solo la grande attrice, ma un amica meritevole d'ogni stima. Deh! perché non ho io avuto una miglior salute? perché non ho io potuto volare alla mia città nativa? Ci vuol pazienza. L'attuale mia vita è d'uomo più o meno infermo. Di rado posso trasportarmi da una città all'altra il moto mi sconcerta miseramente. Tosto che avrò forza, mi recherò a ringraziarti in persona e mi racconterai i tuoi trionfi saluzzesi.

Intanto ti bacio fraternamente la mano e del pari all'ottima Gegia.

SILVIO PELLICO A CARLOTTA MARCHIONNI

[Torino, 8 dicembre 1843][75]

Gentilissima ed ottima amica Tu non sai formare pensiero che non sia amabile e tale si è la dimanda che mi porgi. S'io avessi fra le antiche mie carte, le quali indarno ho rovistate, un manoscritto della mia Francesca da Rimini sarei felice di metterlo a tuoi piedi. Niuna cosa è più tua di questa

---

[75] Questa lettera pubblicata per la prima volta nell'edizione dell'epistolario pellichiano del 1856 e ripubblicata pochi anni dopo da Angelo Brofferio in Ai miei tempi chiude in modo significativo la vicenda umana e teatrale di Carlotta.

tragedia a cui il tuo genio ha dato gloria forse sarebbe rimasta oscura s io non avessi avuto la buona sorte d'incontrare in te una si grande attrice che sapea dare alto valore anche a produzioni assai deboli. Gli applausi di tutta Italia a te dovuti riverberarono a vantaggio del tuo amico poeta e mi sono sempre fatto un pregio di dirlo. Giusti furono in questo riguardo coloro che parlando di te e di me ci chiamavano fratello e sorella ed il mio cuore confermò un grido che tanto bene arrise alla nascente mia fama.

Altre mie tragedie ricevettero come la Francesca splendore sommo da te e non ti bastò onorarmi ne' maggiori teatri che anche volesti di recente far risuonare la mia nativa città del mio nome confuso col tuo. Inetto io a renderti grazie sarei almeno andato lieto se avessi ritrovato quel vecchio desiderato manoscritto che avresti conservato a ricordanza de' primi tempi della nostra amicizia. Or vorrei invece offerirti un esemplare di qualche edizione di questa tragedia e vedi fatalità non ne trovo da alcun libraio. Mi procaccerò l'esemplare ed avrò il bene di recartelo.

Un giorno poi ma non so quando porrò mente a dare un po' di lima a miei componimenti tragici e ad altri e vedrò di fare un edizione d'ogni cosa. Ma per questo avrei d'uopo di salute. Il più de giorni non posso scrivere nulla e stento a fiatare e così trascorrono per me settimane e mesi.

Tu Carlotta e la buona Giegia teco ambe sì benevole al vostro Pellico dite a favor mio qualche santa parola al Signore perché almeno mi conceda di patire con animo paziente e forte. Vi saluto l'una e l'altra con que' senti menti indelebili di stima e d amicizia che mi conoscete.

Addio ottima Carlotta credimi qual sarò sempre

Tuo ammiratore ed amico Silvio Pellico

Torino, 8 dicembre 1843

LE LETTERE DI CARLOTTA CONSERVATE PRESSO LA
BIBLIOTECA CIVICA CENTRALE DI TORINO:

Mittente Marchionni, Carlotta (1796-1861)

Destinatario Nota, Alberto (1775-1847)

Data   08/04/1818

Scritta a Milano

Ricevuta a Torino

Tipologia l. a. f.

Argomento Chiarimento a proposito di una sua interpretazione della parte di "Lusinghiera"

Fondo   Prior

Provenienza Dono di Leo Torrero

link a questa scheda

Mittente Marchionni, Carlotta (1796-1861)

Destinatario Nota, Alberto (1775-1847)

Data   11/04/1818

Scritta a Milano

Ricevuta a Torino

Tipologia   l. a. f.

Argomento   **Si compiace dell'esito di una commedia di Nota, come elemento chiarificatore dei loro rapporti**

Allegati   1 busta col nome del donatore delle 2 lettere

Fondo   Prior

Provenienza Dono di Leo Torrero

link a questa scheda

Mittente   Marchionni, Carlotta (1796-1861)

Destinatario Destinatario non identificato

Data   06/12/1830

Scritta a   Milano

Ricevuta a   s. l.

Tipologia   l. a. f.

Allegati   3 ritratti

Fondo   Prior

link a questa scheda

Mittente   Marchionni, Carlotta (1796-1861)

Destinatario Falletti di Barolo, Carlo Tancredi (1782-1838)

Data 11/08/1836

Scritta a Torino

Ricevuta a s. l.

Tipologia l. a. f.

Argomento **Chiede un appoggio per ottenere alcune concessioni al cimitero**

Fondo Prior

Provenienza Fondo Cossilla

link a questa scheda

Mittente Marchionni, Carlotta (1796-1861)
Destinatario Bogliani, Giuseppe
Data 19/08/1836
Scritta a Torino
Ricevuta a s. l.
Tipologia l. a. f.
Argomento **Disposizioni per la propria tomba e quella di sua madre**
Allegati 1 ritratto e 1 incisione raffigurante la tomba di sua madre
Fondo Prior
Provenienza Fondo Cossilla
link a questa scheda
Mittente Marchionni, Carlotta (1796-1861)
Destinatario Nota, Alberto (1775-1847)
Data 29/09/1837
Scritta a Firenze
Ricevuta a Casale Monferrato
Tipologia l. a. f.
Argomento **Raccomanda lo scultore Bogliani per una statua a Carlo Alberto**

Fondo	Prior
Provenienza	Acquisizione successiva?
	link a questa scheda
Mittente	Marchionni, Carlotta (1796-1861)
Destinatario	Nota, Alberto (1775-1847)
Data	03/11/1837
Scritta a	Firenze
Ricevuta a	Casale Monferrato
Tipologia	l. a. f.
Argomento	**Ringrazia e dà notizie**
Fondo	Prior
Provenienza	Acquisizione successiva?
	link a questa scheda
Mittente	Marchionni, Carlotta (1796-1861)
Destinatario	Nota, Alberto (1775-1847)
Data	07/01/1838
Scritta a	Torino
Ricevuta a	Casale Monferrato
Tipologia	l. a. f.
Argomento	**Sempre a proposito del concorso per una statua a Carlo Alberto**
Fondo	Prior
Provenienza	Acquisizione successiva?
	link a questa scheda
Mittente	Marchionni, Carlotta (1796-1861)
Destinatario	Nota, Alberto (1775-1847)
Data	24/01/1838
Scritta a	Torino
Ricevuta a	Casale Monferrato
Tipologia	l. a. f.
Argomento	**Notizie varie di arte**
Fondo	Prior
Provenienza	Acquisizione successiva?
	link a questa scheda

Mittente Marchionni, Carlotta (1796-1861)
Destinatario Nota, Alberto (1775-1847)
Data 12/02/1838
Scritta a Torino
Ricevuta a Casale Monferrato
Tipologia l. a. f.
Argomento **Notizie d'arte**
Fondo Prior
Provenienza Acquisizione successiva?

link a questa scheda

Mittente Marchionni, Carlotta (1796-1861)
Destinatario Nota, Alberto (1775-1847)
Data 13/05/1838
Scritta a Torino
Ricevuta a Casale Monferrato
Tipologia l. a. f.
Argomento **Notizie d'arte, una rivista a Casale**
Fondo Prior
Provenienza Acquisizione successiva?

link a questa scheda

Mittente Marchionni, Carlotta (1796-1861)
Destinatario Nota, Alberto (1775-1847)
Data 29/09/1838
Scritta a Milano
Ricevuta a Casale Monferrato
Tipologia l. a. f.
Argomento **Una recita con feste a Milano**
Fondo Prior
Provenienza Acquisizione successiva?

link a questa scheda

Mittente Marchionni, Carlotta (1796-1861)
Destinatario Nota, Alberto (1775-1847)
Data 12/11/1838

Scritta a	Parma
Ricevuta a	Casale Monferrato
Tipologia	l. a. f.
Argomento	**Notizie di teatro**
Fondo	Prior
Provenienza	Acquisizione successiva?
	link a questa scheda
Mittente	Marchionni, Carlotta (1796-1861)
Destinatario	Nota, Alberto (1775-1847)
Data	16/01/1839
Scritta a	s. l.
Ricevuta a	Casale Monferrato
Tipologia	l. a. f.
Argomento	**Notizie di teatro**
Fondo	Prior
Provenienza	Acquisizione successiva?
	link a questa scheda
Mittente	Marchionni, Carlotta (1796-1861)
Destinatario	Nota, Alberto (1775-1847)
Data	08/04/1839
Scritta a	Torino
Ricevuta a	Casale Monferrato
Tipologia	l. a. f.
Argomento	**Un pegno d'amicizia**
Fondo	Prior
Provenienza	Acquisizione successiva?
	link a questa scheda
Mittente	Marchionni, Carlotta (1796-1861)
Destinatario	Nota, Alberto (1775-1847)
Data	05/01/1840
Scritta a	Torino
Ricevuta a	Casale Monferrato
Tipologia	l. a. f.

Argomento Lettera d'auguri
Fondo Prior
Provenienza Acquisizione successiva?
link a questa scheda
Mittente Marchionni, Carlotta (1796-1861)
Destinatario Nota, Alberto (1775-1847)
Data 21/10/1841
Scritta a Torino
Ricevuta a Cuneo
Tipologia l. a. f.
Argomento **Chiarimento ad un pettegolezzo**
Fondo Prior
Provenienza Acquisizione successiva?
link a questa scheda
Mittente Marchionni, Carlotta (1796-1861)
Destinatario Baruffi, Giuseppe Francesco (1801-1872)
Data 9/4/s.a.
Scritta a s. l.
Ricevuta a s. l.
Tipologia l. a. f.
Argomento **Chiede chiarimenti sul luogo e l'ora delle sue lezioni**
Fondo Prior
Provenienza Fondo Cossilla

Cliccando sulle varie schede ho potuto constatare che si è conservato il
carteggio tra Carlotta e Alberto Nota durato vent'anni e contenente
interessanti notizie sulla messa in scena delle Commedie dello stesso Nota,
che risulta destinatario di diverse lettere indirizzategli anche da altri attori
della Compagnia Reale Sarda come Gaetano Bazzi e Giovanni Borghi (che
dovrebbe essere il Borghi che secondo un rapporto di polizia del 1827
piaceva a Carlotta, ma senza che lui la ricambiasse, tanto che Angelo
Brofferio aveva sperato che uscita da questa delusione Carlotta lo avrebbe
sposato, ma credo che Carlotta si sia tirata indietro perché preferiva avere

come amico piuttosto che come marito non uomo come Brofferio dal carattere esuberante e impetuoso in politica come in amore).

Una poesia inedita dedicata a Carlotta da un ammiratore
che non sono riuscita ad identificare.
Il testo si trova nella Biblioteca dell'Archiginnasio di Bologna.

Carlotta in un ritratto tratto da:

Il monumento funebre realizzato
dalla scultore Giuseppe Bogliani
nel 1836 che rappresenta Carlotta
china sul corpo della madre, ormai defunta.
All'epoca il monumento colpì l'immaginazione
dei contemporanei tanto che il poeta Giovanni Prati compose e
pubblicò un sonetto dedicato proprio a questo monumento e
soprattutto al forte legame di Carlotta
con la madre e al dolore da lei provato per la sua perdita.